27n
22055

SUITE

A LA

RÉPONSE A UN LIBELLE

La publication de la brochure intitulée : *Réponse à un libelle* a donné lieu à la correspondance ci-après que nous croyons devoir livrer à la publicité.

M. Petijean à M. Parandier, à Paris.

« Arbois, le 18 décembre 1865.

» Monsieur l'Inspecteur général,

» On a déposé chez moi, et répandu dans la ville un factum,
» *sans nom d'auteur* intitulé : *Réponse à un libelle*, qui a, je
» crois, l'intention, ou la prétention de réfuter une brochure
» *signée de moi*, ayant pour titre : *La vérité* sur la question de
» la route d'Arbois à la gare du haut, et que j'ai eu l'honneur
» de vous envoyer en novembre dernier.
» Comme vous désirez je pense, autant que moi, que la
» lumière se fasse sur les sujets qui nous divisent, et comme
» vous connaissez sans doute l'auteur anonyme qui a si adroi-
» tement et si spirituellement pris votre cause en mains, je
» viens vous prier de vouloir bien lui demander pour moi,

» l'autorisation de faire imprimer, *à mes frais*, son œuvre
» à la suite de mon opuscule ; j'ai le projet de faire vendre le
» tout au profit des pauvres d'Arbois.

» Comme préface de ce petit ouvrage, et afin de faire bien
» connaître les passions envieuses ou haineuses qui m'ont
» dirigé, je compte faire imprimer la lettre confidentielle que
» j'ai eu l'honneur d'adresser à Madame Parandier le 2 mars
» 1864, dont j'ai gardé copie (1), et à laquelle on n'a pas
» daigné répondre, contrairement aux usages reçus entre
» personnes bien élevées.

» Le public ayant ainsi sous les yeux toutes les pièces du
» procès, pourra nous juger avec connaissance de cause.

» C'est la seule satisfaction que je veuille demander d'un
» outrage anonyme, qui, du reste, dans l'esprit de toutes les
» personnes qui me connaissent, ne saurait m'atteindre.

» Agréez, Monsieur l'Inspecteur général, l'assurance de
» mes sentiments distingués.

» Signé : A. PETITJEAN ».

---

(1) M. Petitjean, afin de fournir une nouvelle preuve des sentiments affectueux qu'il portait à M. Parandier, sentiments que son libelle a déjà fait éclater à tous les yeux, menace de *publier* la lettre *confidentielle* qu'il adressa à Mme Parandier le 2 mars 1864. Je demanderai d'abord à M. Petitjean s'il est bien sûr que Mme Parandier, dont chacun connait le tact, le jugement et la supériorité d'esprit, a communiqué immédiatement cette lettre à son mari, au lieu d'attendre le jour où elle pourrait le faire sans inconvénient ; car cette lettre contient des passages inconvenants et même blessants *contrairement aux usages reçus entre personnes bien élevées*. Je demanderai ensuite à M. Petitjean si, au moment où cette lettre a été communiquée à M. Parandier elle a dû provoquer d'autres observations que celles-ci : « de quoi se mêle-t-il et à quel titre ? » Enfin je lui demanderai si, Mme Parandier n'ayant pas jugé à propos de lui envoyer quelques lignes de remerciements pour cette bonne et aimable lettre confidentielle, il devait attendre une réponse de M. Parandier qui, connaissant parfaitement *les usages reçus entre per-*

Copie de cette lettre a été adressée par M. Parandier à M. d'Epercy, à Arbois, qui, par retour du courrier, a envoyé à M. Parandier la réponse suivante, réponse que celui-ci a communiquée immédiatement à M. Petitjean.

« Arbois, le 20 décembre 1865.

» Mon cher ami,

» Je reçois ta copie de la lettre que Petitjean t'a adressée le
» 18 de ce mois. La proposition qu'elle contient est d'une in-
» concevable bizarrerie et ne mérite pas qu'on s'en occupe. A
» qui donc *vendrait-on un seul* exemplaire de cette brochure
» hermaphrodite quand tout Arbois est plein de l'un et de
» l'autre factums ? quand la *Réponse*, distribuée gratis à 250
» exemplaires et si avidement recherchée, a parcouru toutes
» les mains ? Ce seraient là, ma foi, de belles étrennes pour les
» pauvres, à l'occasion du jour de l'an ! Pas même une pièce
» de 50 centimes ! Allons ; pas de mauvaises plaisanteries, pas
» de moqueries quand il s'agit de nos pauvres. Il y aurait à
» faire à Petitjean une proposition plus fructueuse. Qu'il
» réplique, et une seconde *Réponse* tardera peu à paraître.
» Du moins on servirait au public des mets nouveaux et qui
» pourraient le tenter. Je te garantis que la seconde Réponse
» contiendrait du neuf et que l'on y mettrait, avec l'art et la
» prudence voulus, tous les assaisonnements et condiments

---

sonnes bien élevées, distingue fort bien aussi les cas où la réponse ne doit être qu'un dédaigneux silence.

La lettre que M. Parandier adressa à M. Petitjean le 23 juillet suivant pourrait cependant être considérée comme une réponse, bien qu'un peu tardive. M. Petitjean voudra-t-il la publier à la suite de la sienne du 2 mars ? Nous l'en prions.

E. D.

» nécessaires pour stimuler l'appétit et la curiosité de ce bon
» public qui ne demande qu'à être diverti en ce temps de
» chômage des travaux. Tu conviendras, mon cher ami, qu'en
» effet deux plats nouveaux lui plairaient mille fois mieux
» qu'une soupe et un fricot réchauffés.

» Ainsi, restaurateurs d'un nouveau genre et tenant bou-
» tique, Petitjean et moi, sous cette piquante enseigne :
» Vérité et Concorde, nous serons certains, en servant de la
» marchandise de bonne qualité, de voir arriver de nombreux
» chalands qui, *alors pour leur argent*, chercheront à se dé-
» sopiler la rate et à se faire un peu de bon sang. Les pauvres
» seront contents et nous aussi.

» La qualification d'anonyme donnée par Petitjean à
» l'auteur de la Réponse est tout aussi bizarre que sa proposi-
» tion. Il n'y a assurément pas une seule personne à Arbois
» qui ne sache qui est cet auteur. Si cependant Petitjean est
» sincère en paraissant l'ignorer, il lui est facile d'être très-
» exactement renseigné à cet égard. Dis-lui qu'il n'a qu'à
» m'honorer d'une visite et que je m'engage à lui dévoiler ce
» nom que sa perspicacité habituelle n'a encore pu lui faire
» deviner.

» Ton vieux camarade et ami devoué,

» Signé : E. d'Épercy ».

L'auteur de la *Réponse au Libelle*, cet *anonyme* si connu de M. Petitjean et dont le nom, surabondamment reproduit ci-dessus, a été sur les lèvres de tous ceux qui ont lu la *Réponse*, désire arrêter un instant l'attention du lecteur sur deux passages de la lettre de M. Petitjean du 18 décembre ; l'un, aux premières lignes, conçu en ces termes : « ... un fac-

» tum... qui a l'intention ou la prétention de réfuter
» une brochure *signée de moi*...; » l'autre, au dernier alinéa, contenant ces mots : « ... d'un outrage
» qui ne saurait m'atteindre... »

Examinons le 1er. *Un factum qui a l'intention ou la prétention...*, ceci nous paraît un peu hasardé comme figure de rhétorique. Mais passons légèrement sur ce détail, M. Petitjean ne pouvant avoir, en conscience, ni *l'intention*, ni la *prétention* de se donner comme un littérateur et un puriste.

Ce passage doit être relevé à un autre point de vue. Comment! L'auteur de la Vérité trouve étrange et impertinent que l'on ait *l'intention ou la prétention de réfuter une brochure* SIGNÉE DE LUI! C'est fort. Je défie qu'on découvre rien qui en approche dans le plus outrecuidant de tous les auteurs passés, présents et futurs! Que l'on cherche partout; je ne dis pas seulement chez les maîtres dans l'art d'écrire, mais même chez ces tout petits écrivains que leurs mécomptes littéraires porteraient à exhaler leur dépit et leur mauvaise humeur en ces termes superbes qui, du reste, décèlent la gravité de l'échec subi et la profondeur des blessures faites à l'orgueil.

Et pourquoi donc ne pourrait-on *prétendre à réfuter la brochure* SIGNÉE DE VOUS? Est-ce parce que vous l'avez abritée sous ce titre pompeux : la Vérité, qui décore en majestueux caractères la couverture et la première page de votre libelle ? La Vérité ! Quoi ! seul vous la connaissez, la possédez et l'exhibez ! Confinée chez vous, elle ne peut-être vue sans votre entremise ni comprise si vous n'êtes son truchement ! Et quand elle aura quelque chose à nous révéler, ce sera vous seul, son Barnum, qui emboucherez la trompette pour proclamer ses oracles ! Voyons ; est-ce sérieux ? N'est-ce qu'une plaisanterie ? Dites-nous le, afin que nous sachions à quoi nous en tenir. Si c'est sérieux, nous allons vous dresser des tréteaux bien autrement hauts que ceux sur lesquels soit comme acteur, soit comme auteur de quelques arlequinades, vous avez jusqu'ici fait entendre vos spirituels accents, et d'où vous pourrez donner une portée plus lointaine à vos précieux enseignements. Si c'est une plaisanterie, nous vous avouerons que votre brochure laisse désirer plus de transparence dans l'ironie et que nous n'apercevons pas assez qu'elle n'a été, dans votre intention, qu'un pur jeu d'esprit. Quoi qu'il en soit, apprenez du moins que votre titre a excité partout un rire homérique et qu'à lui seul il a plus égayé vos lecteurs que les 23 spirituelles pages qui le suivent. Rien que d'y penser, j'en ris encore à me tenir les côtes. La Vérité interprétée et proclamée par vous !!! mais, c'est fort drôle ! Qui donc aurait pu ne pas rire de cette *intention ou de cette prétention* annoncée par votre titre ?

Voici en deux mots l'histoire de votre Vérité.

Les anciens représentaient la Vérité toute nue. Votre pudeur s'est effarouchée de ce costume trop primitif, et vous avez craint aussi d'offenser la nôtre. C'est fort bien ; mais au lieu de couvrir votre Vérité de ces vêtements, à la fois gracieux et décents, qui, tout en voilant de choquantes nudités, permettent d'admirer la beauté des formes, vous l'avez affublée de loques et de friperies ramassées chez j'ignore quels chiffonniers, et qui l'ont travestie à ce point que nous la prenions tous, de très-bonne foi, pour sa mortelle ennemie. Il est vrai que sous ce déguisement elle pouvait marcher en tête de votre Libelle et jouer dans cette pièce le rôle de traître que vous lui destiniez. Mais les loques, mal assujetties, sont tombées à la première secousse, et cette pauvre Vérité, s'échappant aussitôt de vos étreintes, s'est montrée telle qu'elle est à vos compatriotes qui l'ont joyeusement acclamée.

Puisque vous tenez tant à trouver étrange que l'on ait *l'intention ou la prétention de réfuter une brochure* signée de vous, eh bien je vais vous donner pleine satisfaction. Sachez donc que l'auteur de la *Réponse* n'a eu ni l'intention, ni la prétention de vous réfuter. En doutez-vous ? Veuillez prendre la peine de relire cette *Réponse*. De bonne foi, est-ce là une *réfutation* ? Y prend-on un à un vos arguments, vos allégations, vos affirmations ? Les y discute-t-on sérieusement? Vous y oppose-t-on des documents qui les infirmeraient et les mettraient à néant, documents dont vous n'ignorez pas l'existence? Rien de tout cela. Tel n'était pas non plus le but de l'auteur. Organe des amis de M. Parandier il n'a fait que protester avec eux contre votre libelle, dans des termes qui n'étaient que l'expression du sentiment général. En réalité, la réponse n'a été qu'un cri d'indignation, et rien de plus.

Ceci me conduit à vous expliquer pourquoi la Réponse ne portait pas de nom d'auteur. En voici le principal et presque unique motif.

Vos attaques contre M. Parandier, aussi étranges qu'inattendues, nous ont tous surpris comme le ferait un coup de foudre partant d'un ciel où n'apparaît alors aucun nuage orageux, et ont provoqué, tout aussi soudainement, une indignation violente, universelle et dont l'explosion était inévitable et imminente. De là la Réponse. Oh! je vous dirai bien qui en est le rédacteur, ou plutôt même le scribe; mais l'auteur n'a pas de nom propre; l'auteur n'est pas un individu; c'est cet être collectif qu'on appelle l'*Opinion*, qui commande et à qui l'on obéit, qui juge et dont on subit les décisions, qui dicte et à qui l'on abandonne une main passive mais non inconsciente. Oui, voilà l'auteur, voilà celui qui a conçu la Réponse, celui qui a voulu, dans l'intérêt de la morale publique,

qu'un honnête homme ne fût pas impunément calomnié et qui a formulé la protestation. Si l'humble écrivain qui tenait la plume avait commis l'imprudence et l'inconvenance de placer son nom au bas de cette œuvre vengeresse, savez-vous à quels reproches et à quels blâmes il se serait exposé ? « Eh
» quoi! lui aurait-on crié de tous côtés, est-ce que, par
» hasard, vous auriez l'*intention* ou la *prétention* de
» parler en votre nom personnel? Ne craignez-vous
» pas d'affaiblir la leçon en substituant votre senti-
» ment individuel à l'appréciation de tous? Avez-
» oublié que vous n'êtes que notre organe? que vous
» n'êtes qu'une unité dans ce corps qui vous a dé-
» légué le soin de reproduire ce qu'il sent et ce qu'il
» a si énergiquement exprimé en votre présence? Ne
» voyez-vous pas que vous absent ou empêché, cent
» autres étaient prêts à vous remplacer? Ne saviez-
» vous pas que l'auteur ne s'appelle ni Pierre, ni
» Paul, ni Jacques, ni Guillaume, ni d'aucun autre
» nom exclusivement, mais qu'il porte à la fois tous
» les noms du calendrier? Livrez sous votre nom ce
» qui vient de vous personnellement, mais n'attachez
» pas votre étiquette à une œuvre qui n'appartient
» pas plus à vous qu'à nous tous. »

Voilà, Monsieur Petitjean, les reproches et les blâmes que le rédacteur de la Réponse aurait reçus et mérités s'il l'avait signée.

Maintenant que j'ai réduit à sa juste valeur la part qui revient à ce rédacteur de la Réponse et que vous connaissez les motifs de l'absence de sa signature, je ne vois plus d'inconvénient à vous dire qu'il ne forme qu'une seule et même personne avec l'auteur des frivoles pages que vous lisez.

Livrons-nous maintenant à une discussion sur le deuxième passage, relevé plus haut, de votre lettre du 18 décembre 1865.

Que signifient ces mots « un outrage qui ne saurait m'atteindre? » Je ne vois pas bien ce que vous avez voulu dire. Car enfin, s'il y a eu *outrage*, vous avez été *atteint*, et si vous n'avez pas été atteint il n'y a pas eu d'outrage. Le mot outrage implique l'idée d'une blessure grave *reçue* dans son honneur. Or votre honneur est intact et même à l'abri de toute atteinte, nous dites-vous. Que parlez-vous donc d'outrage! Un peu d'exactitude et de logique dans le langage ne nuit pas en polémique. Tenez; laissez-moi vous donner un exemple, un peu trivial peut-être, mais très-propre à vous montrer que l'outrage n'existe qu'autant qu'on a été *atteint*. Supposons (c'est une simple supposition) que je vous lance vigoureusement mon pied... quelque part, et qu'il ait frappé juste à l'endroit cherché. Évidemment il y a ici outrage, parce que vous avez été atteint en cette respectable partie de votre personne et qu'il existe nécessairement entre elle et votre honneur une étroite solidarité. Mais supposons que j'aie manqué mon but et que mon pied n'ait fait qu'un infructueux voyage dans l'espace, en m'exposant même à une culbute qui ferait rire à mes dépens vous et les témoins de ma vaine tentative. Dans ce cas, ladite respectable partie de votre personne et votre honneur n'auraient reçu aucune atteinte; et, partant, pas d'outrage. M'objecteriez-vous que si, en fait, l'atteinte n'avait pu s'accomplir c'était par un heureux hasard, indépendant de ma volonté, et que mon intention ne pouvait être mise en doute! J'en conviendrais; mais qu'en pourriez-vous conclure? Que, l'intention devant être réputée pour le fait, il suffisait que j'eusse tenté de vous atteindre pour vous avoir atteint en effet et que dès lors l'outrage existerait? Mais voyez donc à quelle contre-vérité ce raisonnement nous conduirait! Je vais vous prouver que cette doctrine, qui consacrerait l'outrage par la seule intention, est inadmissible, et ma preuve vous devra paraître péremptoire puisque c'est vous-même qui me la fournirez.

Vous n'avez rien épargné pour atteindre M. Parandier dans son honneur; sarcasmes, injures, calomnies, assertions inexactes, insinuations malveillantes, tous ces moyens d'attaque foisonnaient à l'envi dans votre Libelle. Votre intention de l'atteindre était aussi évidente que pouvait l'être la mienne dans la seconde hypothèse ci-dessus posée. Eh bien je vous jure que, en fait, il n'a été atteint par aucun de vos projectiles et que, dès lors, tout le monde lui rirait au nez s'il se prétendait outragé.

Quant à l'auteur de la Réponse êtes-vous bien sûr qu'il ait tenté de vous outrager? qu'il en ait eu la moindre intention? Mais réfléchissez-y donc; s'il l'avait voulu faire ne l'aurait-il pu? Etait-ce la difficulté, l'impossibilité de trouver contre vous matière a outrage qui l'aurait arrêté? Vous ne pensez pas d'ailleurs, qu'il aurait été retenu par la crainte de susciter contre lui les nombreuses sympathies, les sincères et ardents dévouements qui vous font cortège. Laissez donc de côté tous ces reproches d'outrages. Vous voyez bien qu'ils n'ont pas le sens commun.

Je désirerais clore cette discussion sur l'outrage en vous soumettant un cas qui présente de l'intérêt et sur lequel je vous prierai de vouloir bien me donner votre avis.

Jean-Jean habitait une bourgade où il n'était ni maire, ni adjoint, ni conseiller municipal, ni agent de police, ni garde champêtre, ni pompier, en un mot rien ou bien peu de chose, quoiqu'il fût dans une belle aisance. Il savait les quatre règles, connaissait l'orthographe, écrivait lisiblement, rédigeait même passablement une lettre, tenait fort bien ses comptes et avait acquis une légère teinture des affaires par quelques petites opérations de négoce. C'était assez pour lui procurer une position honorable dans cette bourgade; c'était trop peu pour lui donner l'influence et la prépondérance que rêvait sa vanité. Assez jovial, très-caustique, envieux, bavard comme une pie, ne doutant de rien, il passait ses journées à tailler des bavettes sur le tiers et le quart, à critiquer ceci, à blâmer cela, à indiquer ce qu'on devait faire ou éviter, tranchant sur toutes choses, routes, chemins, rues, travaux d'art, hygiène, etc, etc, où il ne voyait goutte. Comme on ne pouvait attacher aucune importance à ses discours, macédoine d'idées décousues et disparates dont il faisait une salade des plus pittoresques, on le laissait dire et on s'en amusait. C'était un passetemps comme un autre pour ses auditeurs qui n'avaient rien de mieux à faire. Mais cette absence de toute contradiction lui devint funeste; loin de l'éclairer sur sa nullité, elle lui persuada que l'on restait pétrifié d'admiration devant son beau langage, sa perspicacité, son jugement, son génie, et il tarda peu à se gonfler de suffisance et d'orgueil à un tel point qu'on craignit sérieusement que sa raison n'en tapât. Il se promenait avec la gravité d'un homme d'Etat, roulant dans sa tête de magnifiques conceptions dont le seul inconvénient eût été d'entraîner la commune dans des dépenses centuples de ses ressources. Pas de projets, émanant de l'administration ou d'ailleurs, qu'il ne discutât à fond, n'amendât, ne bouleversât. Il se posait en oracle et le faisait avec une telle assurance qu'il parvenait à s'imposer comme tel à quelques voisins et à quelques habitants simples et bornés. Dieu sait la confusion qu'amenait dans les affaires de la bourgade l'adoption d'un de ses avis, et les dissentiments qu'introduisait dans les familles son importune et inévitable intervention! Mais un beau jour Grospierre, qui vivait bien tranquille dans son petit coin, ne se mêlant de rien, ne s'occupant pas le moins du monde des tripotages de Jean-Jean, et ne songeant pas plus à Jean-Jean que s'il n'existait pas, bien qu'il eût eu à lui reprocher, pour son propre compte, cette manie de fourrer son nez partout où il n'avait que faire; Grospierre, dis-je, entend un jour ce brutal vilipender un de ses meilleurs amis, et le voit s'enfler démesurément du prétendu succès de ses grossières attaques. Indigné, Grospierre marche à ce ballon, tire une épingle, l'y plonge, presse légèrement,..... et le ballon, en quelques minutes, passe à l'état de galette.

Quid juris?

Jean-Jean peut-il dire que Grospierre qui, à la vérité, l'a *atteint* de sa modeste arme offensive, l'aurait *outragé* en mettant un terme à ses vitupérations?

De ce que Jean-Jean avait une opinion si exagérée de sa valeur personnelle, s'ensuit-il qu'on l'outrage en rapetissant sa suffisance, en comprimant sa bouffissure, en rabaissant quelque peu son orgueil?

Qu'en pensez-vous? Il me semble à moi que, bien loin de se regarder comme outragé, Jean-Jean doit être très-reconnaissant envers Grospierre qui lui a fait cette heureuse et très-opportune piqûre. Je serais même fort porté à croire que Jean-Jean et Grospierre font maintenant une paire d'amis qui édifie toute la bourgade.

E. d'Epercy.

Paris, le 29 décembre 1865.

P. S. Les pages qui précèdent n'ont été livrées à l'impression que sur le bruit, répandu dans Arbois, que M. Petitjean allait faire distribuer dans la journée du 5 janvier, une réplique virulente. C'est donc lui qui les a encore provoquées.

L'amitié a des devoirs étroits à remplir. Pour moi, M. Parandier est un type d'honnêteté privée et de dévouement comme fonctionnaire public. Depuis mon plus bas âge j'ai été étroitement lié avec lui et cette liaison n'a fait que se fortifier par les sentiments de profonde estime que tous les actes de sa vie m'ont inspirés.

Je remplis donc mes devoirs d'ami et défends énergiquement cet homme honorable contre les dénigrements de l'envie.

Je crois même, en remplissant cette tâche, obéir à des devoirs plus généraux. Quand un homme, d'un caractère aussi pur et dont la vie n'est qu'une suite non interrompue d'actes de dévouement à son pays, se voit l'objet d'attaques diffamatoires et calomnieuses auxquelles sa dignité personnelle lui interdit toute réponse, l'intérêt de la morale publique impose à ses amis l'obligation de prendre sa défense.

Ce serait un triste spectacle que de voir le sens moral s'abaisser au point que l'on ne distinguât plus l'homme qui a conquis de nombreux titres à l'estime publique, de celui qui n'a rien fait pour la mériter et n'a eu d'autres préoccupations, durant toute sa vie, que celles qui concernaient son intérêt personnel.

C'est uniquement sous cette impression, celle de tout honnête homme, qu'ont été conçues et la *Réponse au libelle* et les lignes qu'on vient de lire.

Besançon.— Imprimerie d'Outhenin Chalandre fils.

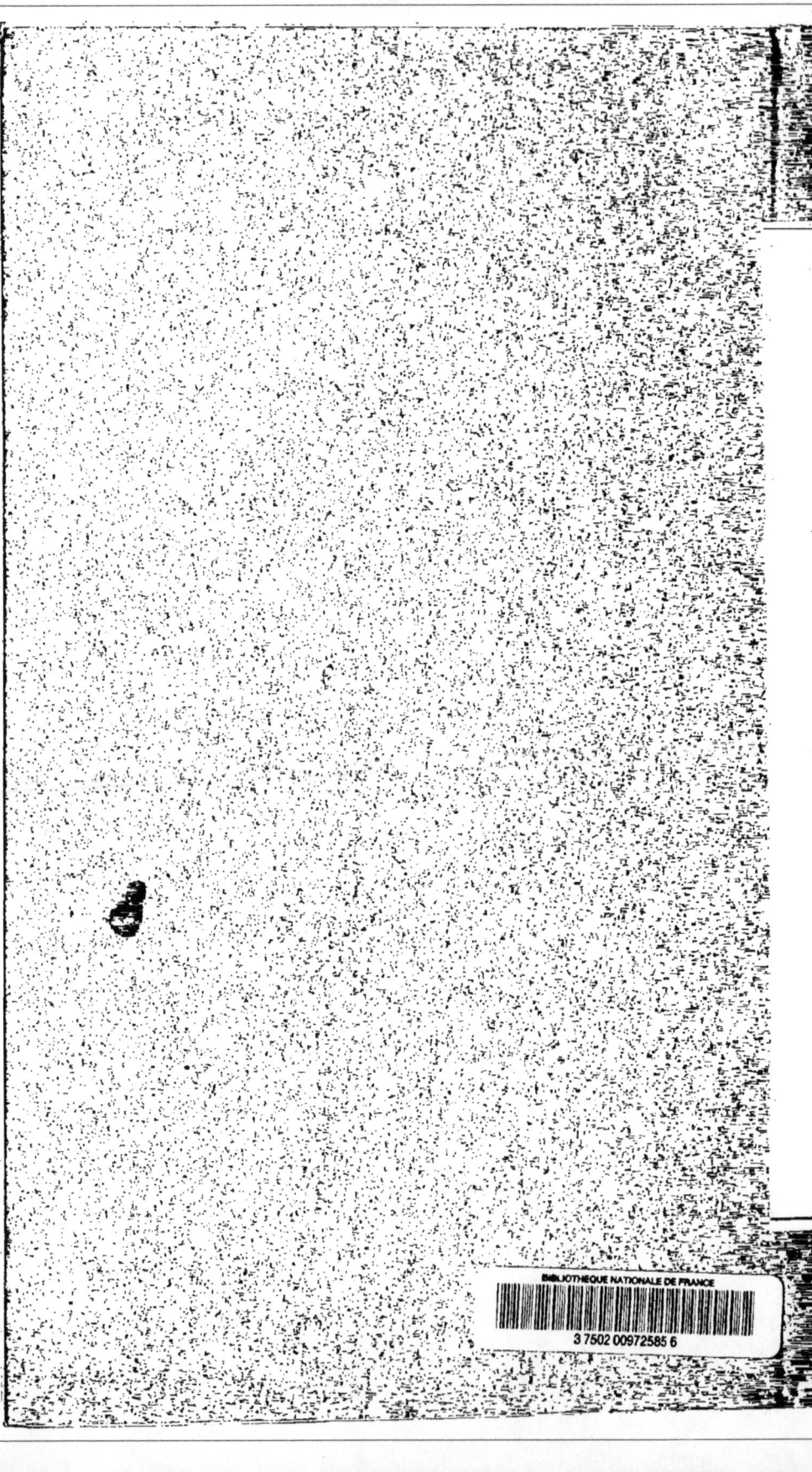

www.ingramcontent.com/pod-product-compliance
Lightning Source LLC
Chambersburg PA
CBHW060452050426
42451CB00014B/3289